AF377426

UNE LETTRE INÉDITE

DE

LA BOULLAYE LE GOUZ

PAR

H. CASTONNET DES FOSSES

MEMBRE DE LA SOCIÉTÉ DE GÉOGRAPHIE
PRÉSIDENT DE SECTION DE LA SOCIÉTÉ DE GÉOGRAPHIE
COMMERCIALE DE PARIS

ANGERS

IMPRIMERIE LACHÈSE ET DOLBEAU

4, Chaussée Saint-Pierre, 4

—

1886

UNE LETTRE INÉDITE

DE

LA BOULLAYE LE GOUZ

La Compagnie des Indes avait été fondée en 1664, et en France, grâce à l'initiative de Colbert, l'on redoublait d'activité. Tout en s'occupant de Madagascar dont on voulait faire un entrepôt et une station, l'on pensait qu'il ne fallait pas négliger l'ancienne route des caravanes, c'est-à-dire la Perse. Cette opinion avait été celle du Père Joseph qui se proposait d'arracher l'Orient à la barbarie, et réservait ce beau rôle à la France.

Pour bien des gens, la véritable route du *pays des épices* était la Perse. La Compagnie n'avait pas oublié le chemin que les caravanes avaient suivi au moyen âge, et dans ce but elle chargea plusieurs députés de se rendre à Ispahan afin d'y négocier un traité favorable à notre établissement dans l'Inde. Ces députés étaient de Lalin, de la Boullaye le Gouz, Beber,

Mariage et Dupont. De la Boullaye le Gouz était venu offrir ses services et on les avait acceptés avec empressement. Notre compatriote était familier avec les hommes et les choses de l'Orient. En 1643, il avait quitté la France dans le désir de voir « les hommes les plus adroits et les plus habiles ; » après avoir visité la Hollande et les côtes de la Baltique, il se rendait à Venise et de là à Constantinople, s'arrêtait ensuite dans les principales îles de l'Archipel, à Smyrne, traversait l'Asie-Mineure, entrait en Perse et gagnait Ispahan. L'accueil qu'il y avait reçu avait été des plus sympathiques. Aussi la Boullaye le Gouz compare-t-il les Persans aux Français.

Le voyageur angevin prit ensuite la route de l'Inde en passant par Schiraz, Bender-Abassy, Ormuz et arriva à Surate où il rencontra un compatriote, le P. Zénon, de Baugé, de l'ordre des Capucins, avec lequel il entreprit plusieurs voyages. La Boullaye se rend à Goa, à Bombay, pénètre dans l'intérieur du pays et explore le Radjepoutanah. En 1649, il s'embarquait pour Bender-Abassy et revenait en Europe en visitant successivement Bassorah, Bagdad, Mossoul, Diabekir, Alep, le Liban et Alexandrie.

De retour en France, la Boullaye le Gouz publia ses voyages en 1659, et son récit, malheureusement peu connu, est l'un des plus attrayants que l'on puisse imaginer. Son originalité, sa curiosité, sa facilité à se plier aux mœurs des pays qu'il a parcourus en font le premier touriste des temps modernes. Il nous dit qu'à son arrivée à Livourne, il apprit la mort de son ancien compagnon, le P. Zénon, de Baugé, et jusqu'ici l'on a accepté cette donnée comme véridique. La Boullaye le Gouz était mal renseigné, et le P. Zénon, de Baugé, lui survécut de longues années, ainsi que le prouve l'acte de décès que nous avons été assez heureux pour découvrir aux archives de la marine et des colonies et que nous reproduisons :

« Le 24 janvier 1687, nous avons reçu la nouvelle de la mort du P. Zénon, de Baugé, prêtre, capucin et missionnaire apostolique, décédé à Madras le 21, à sept heures du soir. C'est lui qui a établi la mission du Levant où il a demeuré deux ans et demi, est venu à Madras où il est décédé, âgé de quatre-vingt-quatre ans, et de religion soixante-deux ans. Il avait demeuré cinq ou six ans en Palestine avant que de venir aux Indes. — Signé : JACQUES, cap... »

L'idée de retourner aux Indes souriait à la Boullaye le Gouz. Le départ ne se fit pas attendre, et au mois de juillet 1665, les cinq voyageurs arrivèrent à Ispahan, porteurs de lettres que de Lionne écrivait à un Français nommé de l'Étoile, alors au service du roi de Perse.

Les députés furent fort bien reçus par de l'Étoile. La zizanie ne tarda pas à se mettre parmi eux : chacun prétendait jouer le premier rôle. De la Boullaye le Gouz faisait valoir entre autres titres la connaissance qu'il avait de la langue turque. Ces discussions et ces rivalités furent sur le point de compromettre le résultat de la mission. Heureusement pour nous, les capucins avaient un couvent à Ispahan, et leur supérieur, le P. Raphaël, du Mans, parvint à obtenir une audience du roi, à nous ménager la faveur d'un vizir.

Grâce à lui, le roi de Perse, par une lettre du 17 octobre 1665, nous autorisait à trafiquer dans ses États et à y établir des comptoirs.

Les députés français ne tardèrent pas à se séparer. De Lalin mourut d'un accès de fièvre chaude aux environs de Schiraz ; Mariage resta à Ispahan. Quant à la Boullaye, il partit avec Beber pour Surate où il arriva au mois de mars 1666. A peine débarqué, il se mettait en rapport avec le P. Ambroise de Preuilly, supérieur des capucins de la Mission, et obtenait une audience du gouverneur de la ville. Plusieurs Français se trouvaient alors à Surate ; nous citerons les plus connus : Tavernier, Thévenot et Mgr Pallu, évêque d'Héliopolis.

De la Boullaye le Gouz n'oubliait pas qu'il était chargé d'une mission politique. Aussi, au bout de quelques jours, il écrivait à Colbert la lettre suivante[1] qui est un véritable programme, et que nous reproduisons. Cette lettre porte l'adresse suivante :

« *A Monseigneur de Colbert, conseiller au Conseil Royal, intendant des finances. — En cour.*

« 1er avril 1666. De Sourat aux Indes-Orientales du Grand Mogol.

« Nous sommes partis de Bandar sur le golfe Persique, le 9 mars dernier, sur un vaisseau arménien appelé le *Moïse,* commandé par un capitaine danois.

[1] L'original de cette lettre se trouve aux Archives de la marine et des colonies.

Le 12, nous sommes venus à l'embouchure du golfe
de Congo, à la vue des îles Kismiche et où commence
celui d'Ormoutz. Deux jours ensuite nous doublâmes
le cap de Basques et cinglâmes vers la côte de Guadel,
qui appartient au roi de Maskate, lequel n'est ni tri-
butaire ni du roi de Perse, ni du grand Mogol. Son
pays s'étend depuis la baie de las Mesas jusqu'auprès
du fleuve Indus. Ses sujets sont d'une race appelée
Bellochis, voleurs, cruels et grands pillards. — Le 29,
nous jetâmes les ancres à la barre de Sourat, où
étaient deux vaisseaux hollandais pour empêcher la
sortie de celui des Anglais qui est dans la rivière.
Nous fîmes avertir le gouverneur de Sourat de notre
arrivée, lequel en usa fort civilement, nous envoyant
une grande barque pour notre équipage et une autre
pour nous, sur laquelle nous montâmes. Et étant
proches de la ville, vint au-devant de nous le capitaine du port ou de la douane, lequel ne voulut point
qu'on fouillât nos hardes. Et étant sur la rive, nous
trouvâmes le carrosse du président des Anglais avec
ses chevaux de selle qu'il nous avait envoyés pour
nous mener à notre maison où, étant descendus,
messieurs du Conseil d'Angleterre vinrent en corps
nous visiter et nous offrir tout leur pouvoir en ce
pays.

« Pour les Hollandais, nous n'en avons point ouï
parler, et je crois qu'ayant publié que nous n'oserions
point venir ici et que nous n'étions que des pirates,
ils n'ont osé paraître ni nous faire aucune civilité de
peur de se faire moquer d'eux. Nous avons eu un si
grand concours de peuple à notre descente, curieux

de nous voir, que cela ne se peut figurer que par l'entrée que faisait la reine de Suède dans les villes de France. Le président d'Angleterre est un gentil-homme anglais nommé Oxender, mon particulier ami, et qui en a fort bien usé en ma personne en cette rencontre. J'ai aussi trouvé le sieur Coja Minas avec lequel j'avais fait voyage autrefois de Constantinople. Ce qui nous a servi, parce qu'il a publié que j'étais un gentilhomme de naissance que Sa Majesté avait choisi pour remettre ses lettres à *Ouransif*, empereur de ce pays, et que notre nation était la plus considérable de toute l'Europe. Nous avons aussi fait rencontre de Mgr l'Évêque d'Héliopolis, qui était parti de France pour la Cochinchine, lequel vient du royaume de Siam et Ténasserim et part aujourd'hui pour Bassora, et vous remettra les présentes en mains propres et vous aurez de la satisfaction à l'entretenir parce qu'il est homme d'esprit et fort éclairé. Il a en sa compagnie un religieux Observantin qui a passé toute sa vie en Chine et qui en sait la langue. Il est Castillan de nation et nous assure que le chemin par terre à la Chine est ouvert et qu'il va en Espagne quérir des religieux pour y mener par terre, par la province de Tchiêncy, où il entrera par le royaume de Thibet. Tous les gens de boutique, de Nanquin et autres lieux, sont tous mahométans. Il nous dit que les Pères Jésuites ont toujours celé ce chemin. Je pourrais bien tenter cette voie d'Agrah où est le roi des Indes, à cause de la mort de Shah Gilan, son père, et informer Sa Majesté de cette visite.

« Touchant ce négoce des Indes et l'établissement

de la Compagnie, il y a beaucoup de choses à considérer. Je m'applique particulièrement à prendre le plus de connaissances que je puis pour contribuer à la grandeur de notre nation, et voici ce que je croirais fort nécessaire, savoir :

« D'envoyer vers tous les princes dont les États sont sur l'Océan et d'où l'on peut tirer des marchandises et y en porter, personnes fidèles, les unes chargées de lettres de notre monarque, les autres avec quelques marchandises pour en découvrir le négoce. Il faut aussi que ces envoyés aient les qualités nécessaires aux voyageurs ;

« Établir une correspondance à Suez, sur la mer Rouge, si l'on peut par la voie du Kaire, et y mettre une espèce de consul pour faire filer promptement les épiceries et autres marchandises de l'Inde ;

« Enlever les soieries de Perse par le Bandar-Abassi, soit en traitant avec les Arméniens pour les apporter de Ghilan, soit en les prenant directement de la main du roi de Perse. Par ce moyen l'on évitera les douanes d'Erivan, de Smyrne, et l'on aura les soies pures sans être mélangées ni mouillées. Dans ce cas, il faudra avoir à Madagascar des ouvriers pour les travailler ;

« Défendre l'apport des marchandises des Indes à tous autres qu'à ceux de la Compagnie. Lorsque les vaisseaux arriveront à Madagascar de l'Europe, y laisser vaisseaux et mariniers et soldats soit pour s'y reposer un peu, soit pour s'accoutumer au climat, et cela conservera bien des hommes à la Compagnie ;

« Établir le négoce sur les terres du roi d'Éthiopie

directement par la mer Rouge, et sur les côtes d'Afrique vers le Monomotapa et autres grands empires qui sont peu connus en Europe. A cet effet, y envoyer des gens par différents endroits ;

« Ne permettre aucun commerce aux vaisseaux mahométans, arméniens, banians ou autres, sans la permission de la Compagnie délivrée chaque voyage sous son sceau, et comme ces vaisseaux sont commandés et conduits pour la plupart par des Européens libres, employer et attirer ces hommes libres par bon traitement et bons gages, afin que les ayant ôtés de leur service, ces vaisseaux demeurent inutiles. Autrement ces particuliers feront grand tort à la Compagnie, parce que ces vaisseaux sont de grand port et que les marchands qui s'en servent enlèvent les meilleures marchandises comme étant les plus experts ;

« Défendre la trop grande dépense aux facteurs, car les hommes s'adonnant trop au luxe sont moins propres au travail. Mais leur régler leurs équipages fort honnêtes ni trop, ni trop peu, et surtout ne leur permettre point d'amener leurs femmes dans les bureaux ou comptoirs, ni de s'y marier, ni établir, après même leur temps fait, parce qu'ils enseigneraient aux naturels nos arts principaux, lesquels se passeraient de nous peu après. Et il serait bien de leur faire donner par écrit et par serment qu'ils ne prendront jamais du service chez des princes autres que le roi, et par après, si ils sont réfractaires, la Compagnie sera en droit de s'en emparer et de ne pas les souffrir ;

« Donner de beaux noms aux principaux facteurs, comme directeurs ou députés généraux, afin du moins qu'ils puissent égaler celui de Président ou de Commandeur, titres dont se qualifient les Anglais et les Hollandais ;

« Traiter humainement nos amis, mais sévèrement nos ennemis et faire dans la suite observer par force les capitulations, sans faiblir ;

« Changer les religieux ou aumôniers de place de trois ans en trois ans, et s'ils ne font pas ce qu'ils doivent ou qu'ils soient incorrigibles par cabales, les ramener en France à leurs supérieurs pour les mettre en place ;

« Que les plus grands vaisseaux du roi se fassent voir sur toutes les côtes et n'épargnent ni poudre ni boulets. Cela est de grande conséquence pour abaisser l'orgueil des Hollandais ;

« Que les chefs de comptoirs soient absolus, qu'ils soient affables, de bonne famille, de villes et provinces affectionnées au roi, et n'en mettre jamais deux d'une même ville ensemble, de crainte de cabales les uns contre les autres ;.

« Que l'on ne permette jamais aux facteurs de faire individuellement aucun négoce, car cette liberté a ruiné les Anglais ;

« Que l'on établisse les maisons des comptoirs éloignées de celles des Anglais et Hollandais, pour éviter l'inconvénient des domestiques et d'autant plus grand en temps de guerre ;

« Faire la guerre aux Malabarres et autres corsaires et mettre à feu et à sang les lieux où l'on ne voudra pas recevoir la Compagnie ;

« Fomenter la guerre entre les Anglais et les Hollandais et secourir toujours le plus faible ;

« La Compagnie étant établie une fois, il ne tiendra qu'au roi d'être le maître des Indes, tous ces monarques n'ayant aucunes forces maritimes, et il est probable de se saisir de quelque île où il y ait un bon port et bon air. L'on peut accepter Chaoul des Portugais ou Bombay des Anglais, pour tenir le golfe de Cambaye et le golfe d'Ormoutz en bride. Il y a encore Krankibar [1], qui appartient aux Danois, qui domine le fleuve du Bengale. Diu ne vaut rien et les vaisseaux ne peuvent y arriver ;

« Payer les soldats exactement et les punir sévèrement en cas de révolte. Tâcher à avoir tous ceux des Hollandais en les traitant bien. Les Hollandais ont été assez insolents pour se vanter qu'ils entretenaient les Hollandais qui servaient sur nos bords. Il serait bien que le roi employât surtout ses sujets ;

« Envoyer souvent des gens visiter les bureaux afin de surprendre les facteurs s'ils manquent à leurs devoirs ;

« Avoir quelques diverses galères pour aller dans les lieux où il y a peu de monde. On mettra à la chaîne les corsaires que l'on peut prendre ;

« Ne vendre aucune arme aux Mahométans, ni permettre aux Arméniens français de s'établir parmi eux ;

« Envoyer de petits enfants dans les bureaux pour apprendre les langues, savoir, les quatre principales

[1] Tranquebar.

qui sont pour savoir : la turque, la persienne, l'arabe
et la malaise. Et si le roi, du collège des Quatre
nations, en faisait le collège des quatre langues, l'on
aurait par ce moyen des interprètes en France, et ce
serait un grand avantage même pour les mission-
naires ;

« A l'égard des gentilshommes français qui auraient
bien servi dans cette Compagnie dans cette côte des
Indes-Orientales, le roi leur pourrait donner l'ordre
de Saint-Michel et le fixer à deux ou trois cents.
Avoir des pensions de 1,000 livres bien payées. Cela
a un grand effet. Leur donner le pas au-dessus des
autres gentilshommes en leur ordonnant de porter la
croix actuellement. Si il y a quelque chose des avis
en dessus de ce que vous imaginez nécessaire, la
Compagnie saura bien s'en servir. Si non, vous
excuserez mon zèle qui me nécessite de vous déclarer
mes projets et propositions.

« Ce matin nous avons été voir le gouverneur de
Sourat pour lui demander la permission d'aller trou-
ver le roi, sur ce que l'on nous avait avertis que nos
ennemis essayaient à nous faire rester jusqu'à l'arrivée de nos vaisseaux. Il nous a parfaitement bien
reçus, nous a accordé tout ce que nous lui deman-
dions et nous a promis d'écrire à l'empereur son
maître en notre faveur, et nous adresser à son frère
qui est fort bien auprès du roi et nous donner un
homme pour nous conduire, afin que nous soyions
dépêchés promptement. Ensuite, il nous a fait présent
de six belles pièces d'étoffes et nous a montré tous
les témoignages imaginables. Nous avons trouvé ici

un père capucin appelé le P. Ambroise, qui, jusqu'ici, nous a bien servis et me semble bien différent de celui qui nous avait trahis en Perse[1]. J'ai eu aussi grand avantage avec le gouverneur parce qu'il sait la langue turque et que je lui ai fait entendre la grandeur de notre nation. Nous nous préparons à partir dans cinq ou six jours, et cependant je demeurerai,

« Monseigneur,

« Votre très humble, très fidèle et très obligeant serviteur,

« DE LA BOULLAYE LE GOUZ.

« Depuis ma lettre, les Hollandais, sachant toutes les civilités du gouverneur, nous ont envoyé complimenter par leur ministre, qui est fils d'un Français. Présentement, ils nous demandent une audience. Je vous supplie d'en avertir Sa Majesté parce que ces lettres sont acceptées.

« Je crois qu'il serait bien nécessaire de m'envoyer quelques lettres de Sa Majesté pour m'en servir dans l'occasion et avancer les affaires de la Compagnie. J'ai mis entre les mains de Mgr l'Évêque d'Héliopolis, mon parent, un duplicata des lettres pour le roi. Je vous supplie, après l'avoir ouï, de lui vouloir faire saluer Sa Majesté. Elle aura satisfaction de l'entendre. C'est un fort homme de bien et bon Français. »

Cette lettre était, ainsi qu'on peut le voir, un véri-

---

[1] La Boullaye le Gouz désigne ici le P. Raphaël, du Mans, qui, loin de trahir les députés Français, les servit utilement et parvint à leur aplanir de nombreuses difficultés.

table programme. En même temps elle nous montre l'originalité du caractère de la Boullaye le Gouz qui, après avoir signé en français, écrivait son nom en caractères turcs. Voulait-il montrer son savoir à Colbert ou désirait-il être l'objet des conversations de la cour et de la ville ? Nous ne pouvons le dire, mais en tout cas, nous croyons pouvoir affirmer que dans cette circonstance, il ne dérogeait pas à ses habitudes qui étaient tant soit peu excentriques.

Les députés français ne restèrent pas inactifs à Surate. Dans le but de se donner du crédit, ils firent courir le bruit que sept ou huit vaisseaux de la Compagnie de France étaient sur le point d'arriver. Malheureusement, leur esprit d'économie qui sentait fort l'avarice, n'était pas de nature à assurer leur prestige. Leur parcimonie alla même jusqu'à se faire héberger par un marchand maronite qui était le protégé des Capucins.

De la Boullaye le Gouz et Beber étaient décidés à aller à Agrah. Au lieu de voyager avec faste, comme il convenait aux représentants du roi de France, ils se contentèrent de prendre deux carrosses attelés de bœufs et une escorte de vingt-cinq soldats. Aussi leur modeste équipage les faisait plutôt ressembler à des marchands qu'à des ambassadeurs d'une grande puissance.

Leur voyage s'effectua sans difficultés, et le seul incident fut une querelle qui surgit entre Beber et la Boullaye le Gouz. Arrivés à Agrah, nos compatriotes trouvèrent un médecin français, nommé Jacques, qui les présenta au nabab de la ville. Ce personnage nous était favorable, et l'accueil qu'il fit aux députés était empreint d'une grande sympathie.

De la Boullaye le Gouz et Beber étaient porteurs d'une lettre du roi de France adressée au Grand Mogol. Contrairement à l'usage des cours orientales, ils voulaient la présenter eux-mêmes. Le nabab était peu disposé à déroger à la coutume, d'autant plus que les députés n'avaient apporté aucun présent et ne s'étaient fait remarquer que par leur jactance et leur vanité. Aussi leur mission fut-elle sans résultats, et après deux mois de pourparlers inutiles, les deux Français sortirent de la ville.

De la Boullaye le Gouz et son compagnon s'en furent camper près d'un village à deux lieues d'Agrah. Un détachement de cavaliers, qui faisait la police, vint à passer ; l'officier qui le commandait était un grand personnage, il demanda quelles étaient ces tentes. Quand on lui eut répondu que c'était celles des députés français, il leur fit proposer de leur laisser une escorte pour les protéger ; la campagne était alors infestée de brigands. La Boullaye le Gouz et Beber reçurent fort mal cette offre et répondirent qu'ils étaient assez forts pour se garder eux-mêmes et que le premier venu qui approcherait verrait si leurs armes étaient en état.

Le lendemain l'officier, qui les voyait exposés à de sérieux dangers, renouvela sa proposition. De la Boullaye était cette fois d'avis de l'accepter ; quant à Beber, il se mit à injurier les cavaliers qui venaient offrir la protection de leur maître. Ce dernier résolut d'en tirer vengeance. Dès que la nuit fut venue, plusieurs de ses gens pénétrèrent, sur son ordre, dans le camp des Français et décochèrent quelques flèches qui blessèrent Beber. Quant à de la Boullaye, il eut le temps de prendre la fuite et de se réfugier sous un arbre.

Les Français rentrèrent dans Agrah ; les Jésuites leur donnèrent l'hospitalité. Beber se rétablit promptement. Quant à de la Boullaye, il essaya de profiter de l'inaction forcée de son compagnon pour voir le nabab. S'il n'y parvint pas, il réussit néanmoins à lui faire parvenir la lettre que le roi de France adressait au Grand Mogol. Le nabab la remit à son maître. Le rôle politique que jouait de la Boullaye le Gouz ne lui faisait pas renoncer à ses habitudes. De tout temps il avait eu un faible pour l'eau-de-vie, et un jour qu'il en avait bu plus que de coutume, il s'endormit dans la rue. Tavernier, qui se trouvait en ce moment à Agrah, nous parle aussi de sa mesquinerie, principalement en ce qui concerne la cuisine. De son côté, Beber aimait à se faire traiter par les Européens qu'il pouvait rencontrer. La bonne chère lui plaisait fort quand il n'y contribuait pour rien.

Avec de tels ambassadeurs l'on ne pouvait réussir. La cour du Grand Mogol répondit qu'elle attendait, avant de traiter, l'arrivée des vaisseaux français dont on lui avait parlé. Beber retourna à Surate et à peine arrivé dans cette ville, il se prit de querelle avec Thévenot et un religieux capucin. Il n'avait pas réussi et son caractère était devenu plus acariâtre que jamais.

De la Boullaye le Gouz était resté à Agrah, mais il ne devait pas tarder à en partir pour mettre à exécution un projet qu'il nourrissait depuis longtemps. Il voulait se rendre en Chine en passant par le Bengale. Avant de se mettre en route, il vint prendre congé de Tavernier et eut l'habileté de se faire céder, par ce dernier, une douzaine de bouteilles de vin vieux. Notre compatriote se rappelait probablement les vignobles de l'Anjou, et aussi devons-nous avoir quelque indulgence pour ses habitudes qui ne sont pas toujours conformes aux règles de l'extrème sobriété.

Le voyage que de la Boullaye le Gouz entreprenait était dangereux ; aussi lui fut-il fatal. Il se rendit à Patna où il s'embarqua pour Dacca, en compagnie de quelques soldats persans. Deux coffres qu'il avait avec lui excitèrent la cupidité de ses compagnons, et pourtant ils ne contenaient que des livres. Ayant jugé qu'il y avait là quelque butin à faire, ils prirent leur temps et choisirent le moment où de la Boullaye s'était endormi, pour l'assassiner, à environ une demi-lieue de Dacca.

Telle fut la fin de notre malheureux compatriote, qui, malgré ses défauts, est l'une des gloires de notre province et l'un des caractères du xviie siècle les plus curieux à connaître et à étudier.

Extrait des Mémoires de la Société nationale d'Agriculture, Sciences et Arts d'Angers. — 1882.

ANGERS. — IMPRIMERIE LACHÈSE ET DOLBEAU